This Notebook Belongs To

....

....

....

ABC
Handwriting Practice
Alphabet

A A A A A

a a a a a

A A A A A

a a a a a

A A A A A

a a a a a

B b

B B B B B

b b b b b

B B B B B

b b b b b

B B B B B

b b b b b

B B B B B

b b b b b

c c c c c

c c c c c

D d

D D D D D

d d d d d

D D D D D

d d d d d

D D D D D

d d d d d

D D D D D

d d d d d

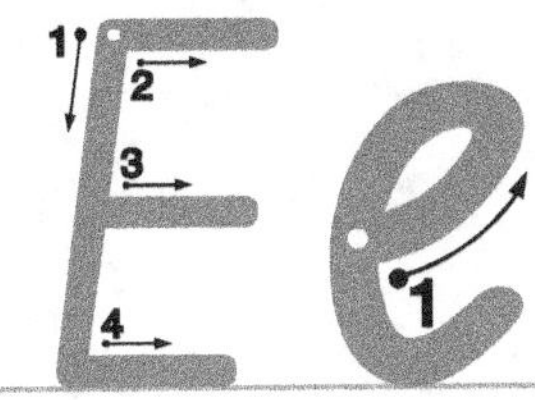

E E E E E
e e e e e

E E E E E

e e e e e

F F F F F

f f f f f

G g

G G G G G

g g g g g

G G G G G

g g g g g

G G G G G

g g g g g

G G G G G

g g g g g

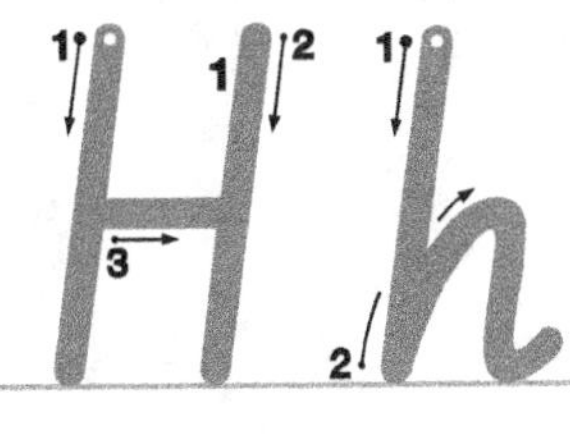

H H H H H H

h h h h h

H H H H H H

h h h h h

H H H H H H

h h h h h

I i

I I I I I

i i i i i

J j

j

j

K K K K K K

k k k k k

1   1

2

1

2

1

1
2
1

1
2

1

M M M M M M

m m m m m m

M M M M M M

m m m m m

M M M M M M

m m m m m m

N N N N N

n n n n n

N N N N N N

n n n n n

N N N N N N

n n n n n

P P P P P

P P P P P

P P P P P

P P P P P

P P P P P

P P P P P

R R R R R

r r r r r

R R R R R

r r r r r

R R R R R

r r r r r

s s s s s

s s s s s

T T T T T

t t t t t

T T T T T

t t t t t

t t t t t

t t t t t

U u

U U U U U

u u u u u

u u u u u

u u u u u

U U U U U

u u u u u

u u u u u u

u u u u u

1
2
1 2 3
V v

1
2
V V V V V V

1 2 3
v v v v v

V V V V V

v v v v v

V V V V V

v v v v v

V V V V V

V V V V V

W W W W W

w w w w w

W W W W W

w w w w w

www.ingramcontent.com/pod-product-compliance
Lightning Source LLC
Chambersburg PA
CBHW080718120726
48001CB00010B/3059